My first book of Southern African Birds

Erroll Cuthbert

illustrated by

Jennifer Schaum

Afrikaans teks in rooi

OkwesiZulu kubhlu

Isikhokelo sesiXhosa siluhlaza

Introduction Inleiding Isingeniso Intshayelelo

There are more than 950 different types of bird in southern Africa. This book will help you to recognise some of these, many of which you will see around you in your garden, at the beach, and in parks and nature areas.

Daar is meer as 950 voël soorte in Suider-Afrika. Hierdie boek sal jou help om van hulle wat in ons tuine, strande, in parke en in die natuur voorkom, te leer ken.

Zingaphezulu kuka-950 izinhlobonhlobo zezinyoni ezise-Africa eseningizimu. Le ncwadi izokusiza ukwazi ukuqaphela ezinye zazo, nokuzibona engadini yakho, ebhishi emapaki ezemvelo.

Kunee-ntaka ezahlukeneyo ezingaphezulu kwama-950 eMzantsi Africa. Le ncwadi izakukunceda ukuba ukwazi ukwahlula ezinye zazo, onokuthi uzibone egadini yakho, ngaselunxwemeni, kwipaka nakwimiyezo yendalo.

When you see a bird, try to remember where it was, what it was doing and what it looked like.

Wanneer jy 'n voël sien wat jy nie ken nie, probeer om die volgende te onthou.
Uma ubona inyoni. Zama ukukhumbula ukuthi ibikuphi,beyenzani nokuthi beyenzani.
Xa ubona intaka. Zama ukukhumbula ukuba iphi, yenza ntoni, injani.

Where was the bird?

Waar was die voël?

Beyikuphi inyoni?

Ibi phi intaka?

On the ground?
Op die grond?
Phansi?
Emhlabeni?

Near water?
By water?
Eduze namanzi?
Ecaleni kwamanzi?

On a cliff?
Teen 'n krans?
Emadwaleni?
Eliweni?

In the bush?
In die veld?
Ehlathini?
Ematyholweno?

In a tree?
In 'n boom?
Esihlahleni?
Emthini?

Flying over?
In die lug?
Indiza phezulu?
Ibibhabha?

What was the bird doing?

Wat was die voël besig om te doen? Beyenzani inyoni? Yenzani intaka leyo?

Bathing?
Bad?
Iyazicwala?
Iyaqubha?

Nesting?
Broei op 'n nes?
Iyakhela?
Iyafukama?

Feeding?
Eet?
Indla?
Iyatya?

Pecking?
Kap?
Igqobha?
Iyaphanda?

Singing?
Sing?
Icula?
Iyacula?

Hopping?
Spring?
Iyagxumagxuma?
Iyangcileza?

Wading?
Waad (loop in water)?
Ukugwedla kwezinyoni emanzini?
Iyazingela?

Walking?
Loop?
Iyahamba?
Iyahamba?

What did the bird look like?

Hoe het die voël gelyk? Bewunjani umbala wenyoni? Ibinjani intaka?

What colour were its feathers? **Watter kleur was sy vere?** **Wawunjani umbala wezimpaphe zayo?** **Belinjani ibala leentsiba zayo?**

Plain?
Eenkleurig?
Ombalamunye?
Ngumbala omnye?

Striped?
Gestreep?
Omidwayidwa?
Inemigca?

Different colours?
Veelkleurig?
Omabalabala?
Imabala bala?

Barred?
Dwarsgestreep?
Omagqabhagqabha?
Inemigca?

What shape was the bill? **Hoe lyk sy snawel?** **Bewumi kanjani umlomo wenyoni?** **Ukumila kunye nombala womlomo wayo?**

Short and thin?
Kort en dun?
imfushane izacile?
Umfutshane ubhityile?

Long and slender?
Lank en dun?
Inde iyomelele?
Umde ubityile?

Small and slender?
Klein en dun?
Incane iyomelele?
Mfutshane yaye mncinane

Short and fat?
Kort en breed?
Inonile imfushane?
Umfutshane utyebile?

Long and curved?
Lank en krom?
Inde igobile?
Mde ugoso?

Straight?
Reguit?
Iqondile?
Wolulekile?

Flat and broad?
Plat en breed?
Ibanzi indlalekile?
Ubanzi?

Hooked?
Gehaak?
Imise okodobo?
Unesangophe?

What did its feet and legs look like? **Hoe het sy pote en tone gelyk?** **Zazibukeka kanjani izinyawo nemilenze yayo?** **Ibinjani imilenze neenyawo zayo?**

Big claws?
Groot kloue?
Izinzwane ezigobile?
Inzwane ezinde?

Fine claws?
Fyn kloutjies?
Izinzwane ezikahle?
Inzwane ezimfitshane?

Webbed?
Geweb?
Ezindlalekile?
Inzwane ezinenwebu?

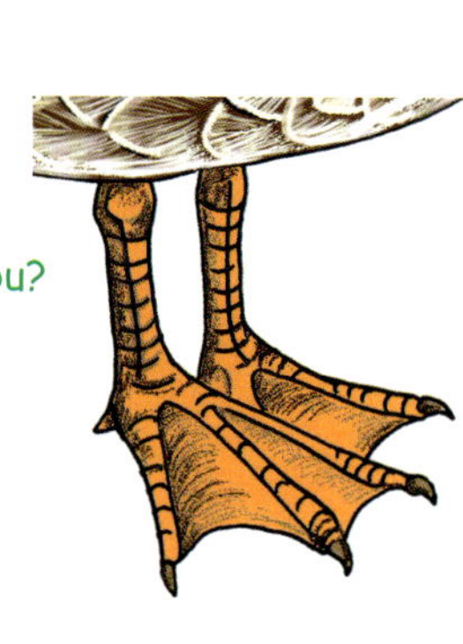

Feathered with claws?
Geveerde pote met kloue?
Inezimpaphe nezinzipho?
Ineentsiba neenzipho?

Long and yellow?
Lank en geel?
Zinde ziphuzu?
Mide imthubi?

Black legs, yellow feet?
Swart pote met geel tone?
Izitho ezimnyama nezinyawo eziphuzu?
Imilenze emnyama neenyawo ezimthubi?

How to use your book
Hoe om hierdie afdeling te gebruik
Indlela yokusebenzisa incwadiyakho
Isebenza kanjani lencwadi

Each page of this book introduces a new bird, and tells you something about it.
Elke bladsy stel 'n nuwe voël voor en vertel 'n paar dinge oor die voël.
Ikhasi ngekhasi libonisa inyoni entsha liphinde likutshele okuthile.
Iphepha ngalinye lale ncwadi lazisa intake entsha, ze likuxelele into ngayo.

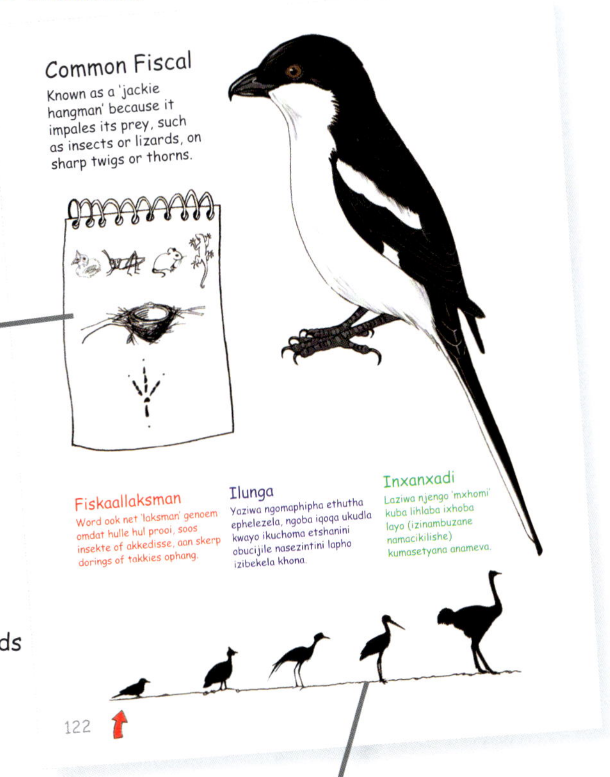

A notebook appears with each bird, and it shows you:
Daar is 'n notaboekie langs elke voel wat die volgende wys:
Incwadi yamanothi iveza:
Incwadi inentaka nganye yaye iyakubonisa:

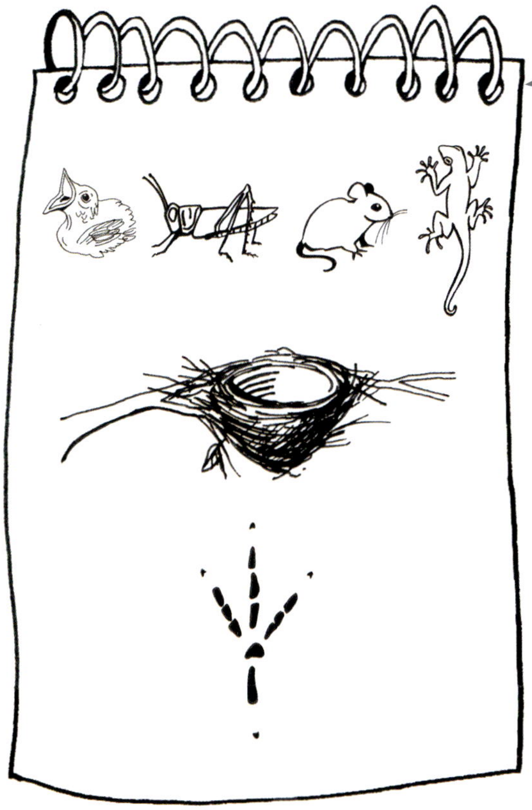

Common Fiscal
Known as a 'jackie hangman' because it impales its prey, such as insects or lizards, on sharp twigs or thorns.

Fiskaallaksman
Word ook net 'laksman' genoem omdat hulle hul prooi, soos insekte of akkedisse, aan skerp dorings of takkies ophang.

Ilunga
Yaziwa ngomaphipha ethutha ephelezela, ngoba iqoqa ukudla kwayo ikuchoma etshanini obucijile nasezintini lapho izibekela khona.

Inxanxadi
Laziwa njengo 'mxhomi' kuba lihlaba ixhoba layo (izinambuzane namacikilishe) kumasetyana anameva.

122

What the bird eats
Wat die voël eet
Idlani
Okutyiwa yintaka

The type of nest it builds
Hoe sy nes lyk
Yakhelaphi
Uhlobo lweendlwane eyakhayo

The shape of its foot print or track
Hoe sy spore lyk
Imiloba
Iimpawu ezishiyayo xa ihamba phantsi

Cape Turtle-Dove
Gewone tortelduif
Ijuba
Ihobe

Helmeted Guineafowl
Gewone tarentaal
Impangelele
Impangele

Blue Crane
Bloukraanvoël
Indwe
Indwe

White Stork
Witooievaar
Unogolantethe
Ingwamza

Ostrich
Volstruis
Intshe
Inciniba

The red arrow shows you how big the bird is.
Die rooi pyltjie wys vir jou omtrent hoe groot die voël is.
Umcibisholo obomvu uyakukhombisa ukuthi inyoni inkulu kangakanani.
Umkhonto obomvu ukubonisa ukuba intaka inkulu kangakanani.

African Penguin

Also known as the 'jackass penguin' because it has a braying call like a donkey. It hunts for food at sea, but nests and roosts on the shore.

Brilpikkewyn

Hulle roep klink soos 'n donkie se gebalk. Hulle vang vis in die see, maar oornag en maak nes op land.

Inguza

Futhi yaziwa njenge 'Jackass Penguin' ngenxa yomsindo wephimbo layo. Izingela ukudla olwandle, kanti ifukamela emgodini ogwini ihamba ibathaza. Lena inyoni etholakala olwandle nasogwini ifukamele khona lapho, idla izimbaza.

Iphengwini

Ikwaziwa njengo 'nombombiya' ngenxa yokukhala kwayo. Izingela ukutya elwandle, kodwa indlwana nesichopho ziselunxwemeni.

African Darter

Swims with its neck and head above water in an 'S' shape, and is known as the 'snake bird'. After swimming, it sits with its wings outstretched to dry.

Slanghalsvoël

Swem met net sy kop en nek wat bo die water uitsteek; dit lyk net soos 'n slang lyk, vandaar sy naam. Nadat hy geswem het, sit hy met sy vlerke oopgesprei om droog te word.

Ivuzi

Itholakala ibhukuda emanzini ikhanda nentamo kungaphezu kwamanzi limise okuka-Gilonki, ithamela ilanga ezintini ukomisa amaphiko ayo.

Ivuzi

Liqubha liveze intamo nentloko ngaphandle kwisimo esingu'S' ikwabizwa ngokuba yintaka eyinyoka. Emva kokuqubha lihlala livule iimpiko ukuze lome.

Great White Pelican

A very large, white bird that uses its long, pouched bill as a scoop to catch fish. Great White Pelicans hunt in groups.

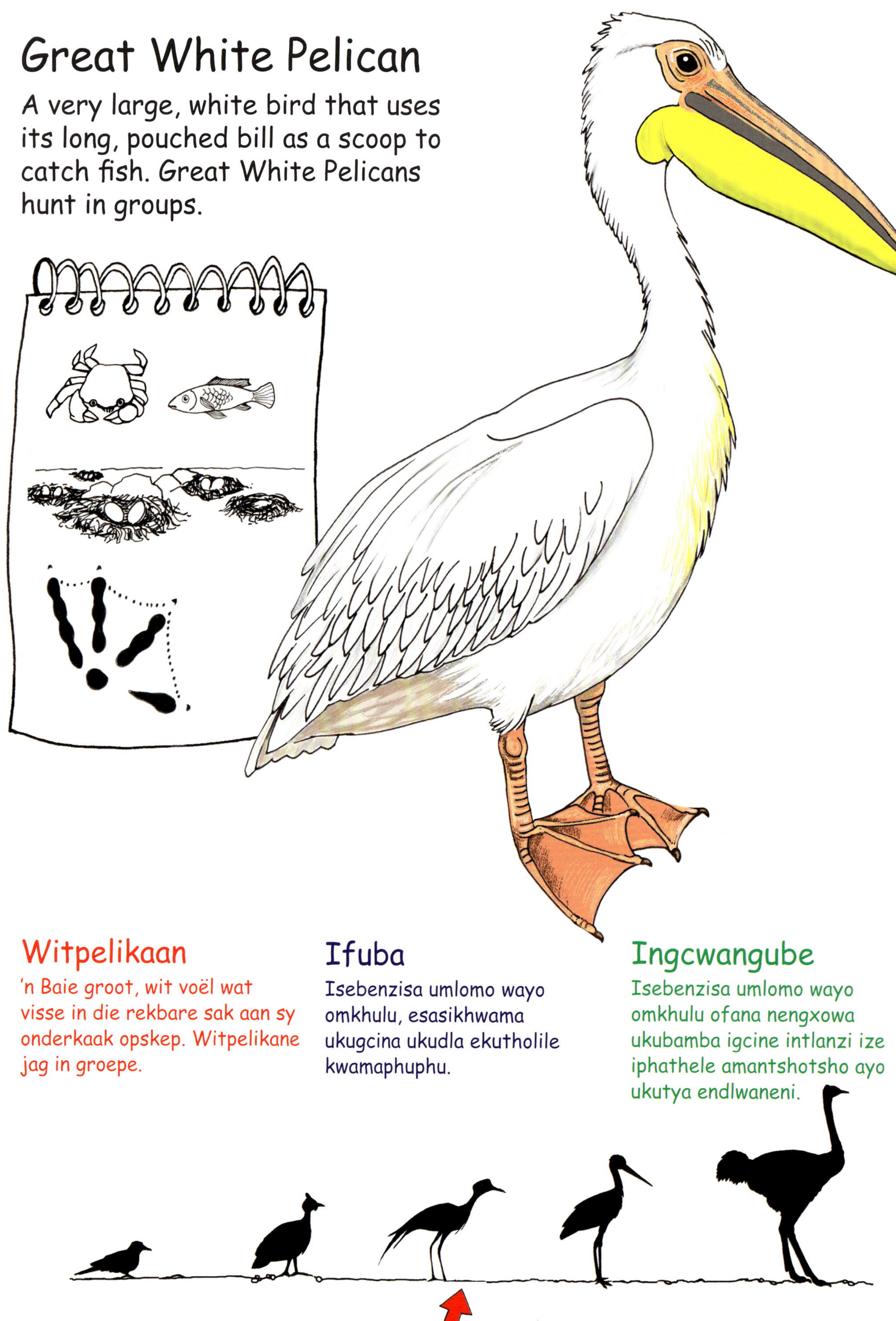

Witpelikaan

'n Baie groot, wit voël wat visse in die rekbare sak aan sy onderkaak opskep. Witpelikane jag in groepe.

Ifuba

Isebenzisa umlomo wayo omkhulu, esasikhwama ukugcina ukudla ekutholile kwamaphuphu.

Ingcwangube

Isebenzisa umlomo wayo omkhulu ofana nengxowa ukubamba igcine intlanzi ize iphathele amantshotsho ayo ukutya endlwaneni.

Black-headed Heron

A tall, long-legged bird, often seen walking slowly through grassland or farmland, hunting.

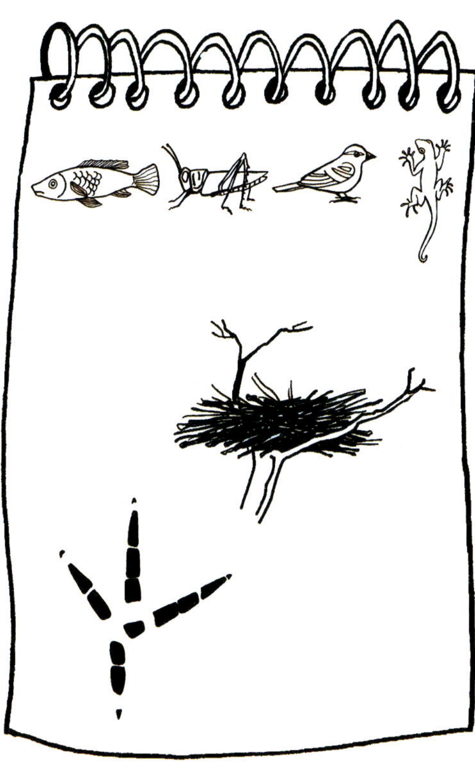

Swartkopreier

'n Lang, slanke voël wat dikwels gesien word waar hy stadig deur grasveld of landerye loop op die uitkyk na prooi.

Ugilonki

Inde inojojo lwemilenze ivame ukubonakala etshanini obude nasezingadini ifuna ukudla.

Ukhwalimanzi

Yintaka ende enemilenze emide. Evamise ukubonwa ihamba kancinane izingela engceni okanye emhlabeni.

Cattle Egret

Follows grazing cattle and buffaloes to catch insects disturbed along the way. Also known as the 'tick bird'.

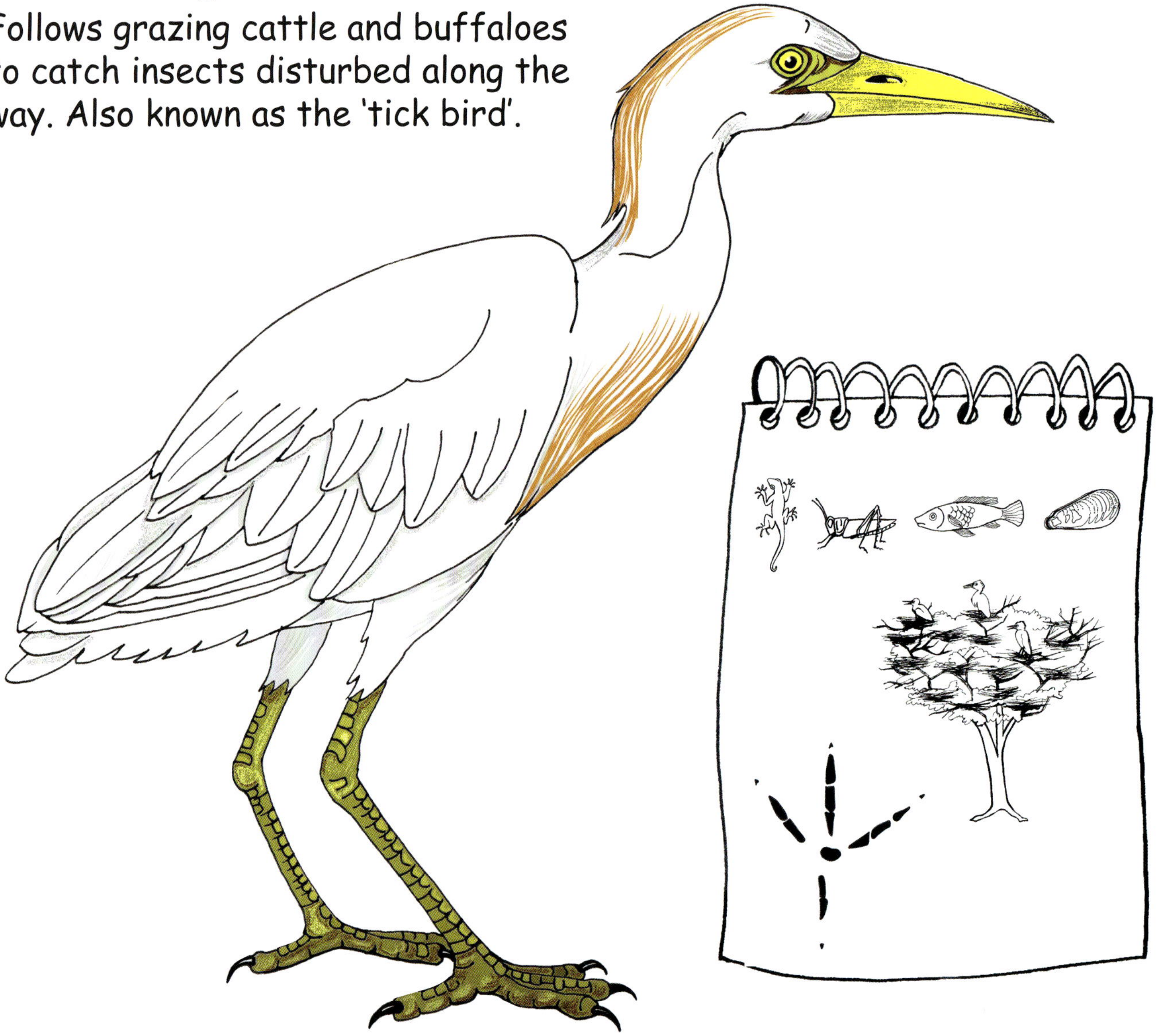

Veereier

Loop langs diere wat wei, soos beeste en buffels, en vang insekte wat deur hulle opgejaag word. Word soms ook 'bosluisvoël' genoem.

Ilanda

Lilandela izilwane zasendle nezinkomo, lifuna amazenze nezinambuzane.

Ilanda

Ilandela iinkomo neenyathi ezitya ingca ukuze ibambe izinambuzane eziphuma apho engceni. Ikwabizwa ngokuba 'yintaka yamakhalane'.

White Stork

Arrives from Europe in November and leaves in March. Pairs greet one another by 'bill clapping' during courtship.

Witooievaar

Kom in November uit Europa in Suider-Afrika aan en vertrek weer in Maart. Tydens hofmaakgedrag groet paartjies mekaar met snawelklappe.

Unowanga

Inyoni efika ngesikhathi sasehlobo. Zibingelelana ngokuqabulana.

Ingwamza

Ifika apha eMzantsi Africa ehlotyeni ivela eYurophu ize imke ebusika. Abalingane babulisana ngokuxholana ngemilomo ngexesha lokuthandana.

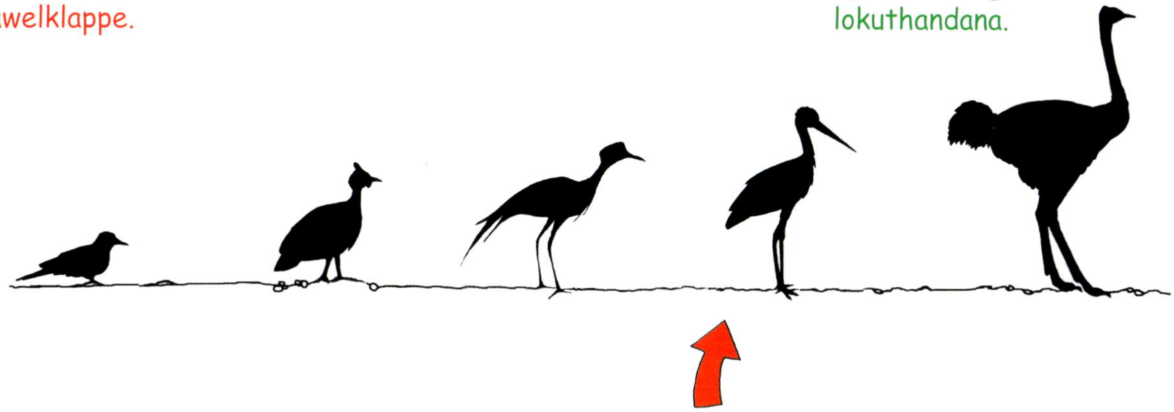

Greater Flamingo

This flamingo has a pink bill with a black tip. It sometimes stirs up the muddy water with its feet to disturb and then catch plankton and small shrimps.

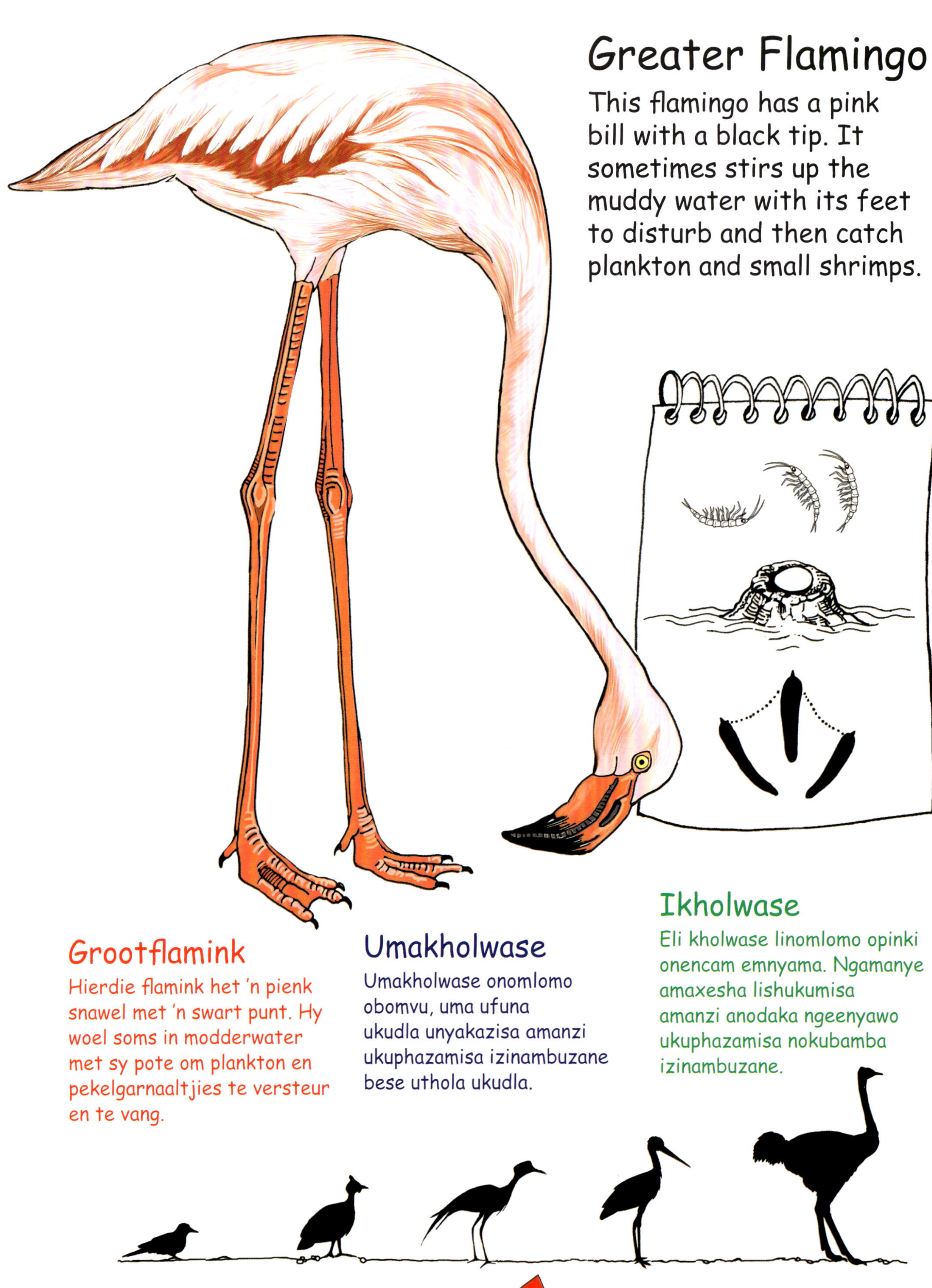

Grootflamink

Hierdie flamink het 'n pienk snawel met 'n swart punt. Hy woel soms in modderwater met sy pote om plankton en pekelgarnaaltjies te versteur en te vang.

Umakholwase

Umakholwase onomlomo obomvu, uma ufuna ukudla unyakazisa amanzi ukuphazamisa izinambuzane bese uthola ukudla.

Ikholwase

Eli kholwase linomlomo opinki onencam emnyama. Ngamanye amaxesha lishukumisa amanzi anodaka ngeenyawo ukuphazamisa nokubamba izinambuzane.

Hamerkop

This waterside bird, with a hammer-shaped head, feeds on small fish and frogs. It is best known for the huge, untidy nest it builds.

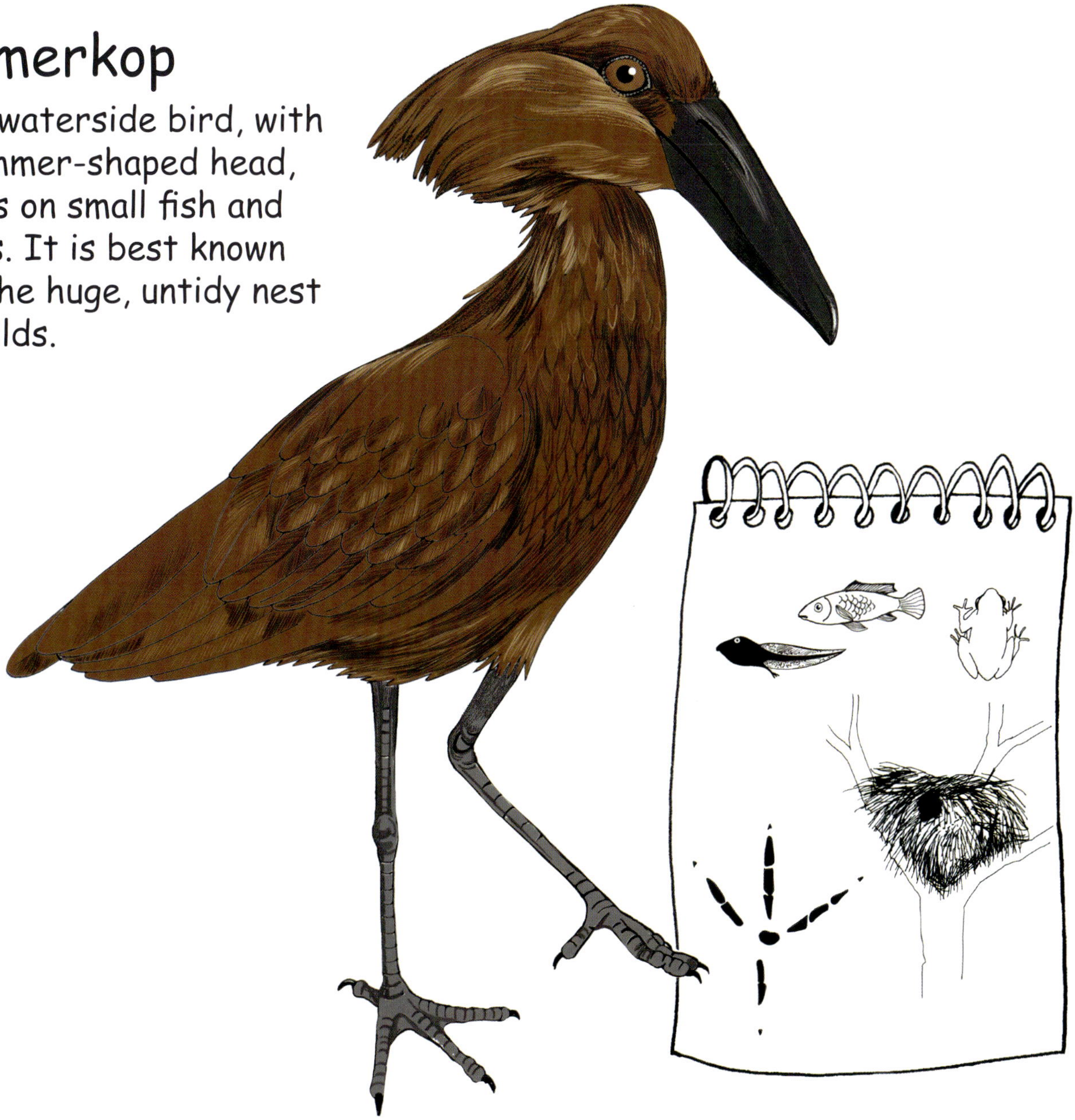

Hamerkop

Hierdie watervoël met sy hamervormige kop vang klein vissies en paddas. Hulle is bekend vir die groot en slordige neste wat hulle bou.

Uthekwane

Le nyoni yaseduze namanzi, inekhanda elifuze elesando idla izinhlanzi ezincane namaxoxo. Yazeka kangcono ngesidleke esikhulu esingenabunono, kodwa esiqinile futhi umuntu angema phezu kwaso.

uThekwane

Le ntaka yasecaleni kwamanzi enentloko ende itya iintlanzana ezincinane kunye namasele. Yaziwa kakhulu ngokwakha indlu enkulu emfuxumfuxu.

Hadeda Ibis

Large, noisy garden birds that call loudly to each other. They push their long bill into the ground to catch worms and insects.

Hadeda

Groot, raserige tuinvoëls wat skel na mekaar roep. Hulle steek hul lang snawel in die grond in op soek na wurms en insekte.

Inkankane

Inyoni enkulu enomsindo yasesivandeni, eqikekelayo ukugcina umndeni wayo usondelene, ititinya umlomo wayo otshanini obunomswakama ukubamba izinambuzane.

Inkankane

Intaka yegadi enkulu enengxolo kwaye enye ikhala kakhulu kwenye. Iphanda ngomlomo wayo omde emhlabeni ukuze ibambe izinambuzane.

African Sacred Ibis

Gathers in large flocks at dumps or on marshy ground to feed. Called 'sacred' because it was worshipped by the ancient Egyptians.

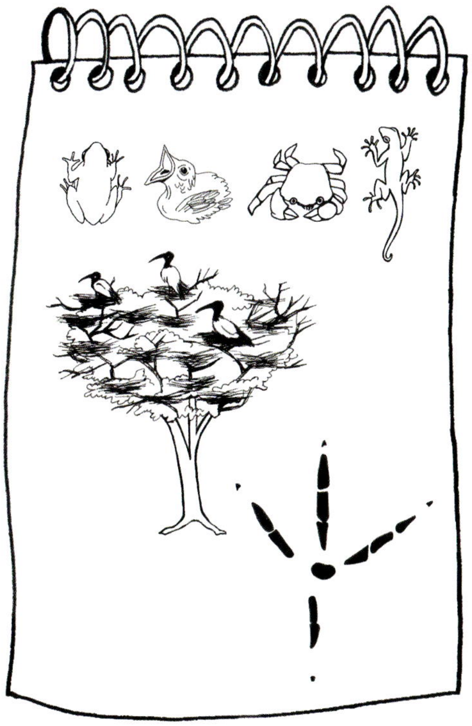

Skoorsteenveër

Kom in groot swerms by ashope of in vleilande saam om kos te soek. Die ou Egiptenare het hulle as heilig beskou en aanbid.

Inkankane

Ahamba ngamaqoqo emaxhaphozini efuna ukudla. Abizwa ngengcwele ngoba amaGibhithe asendulo ayezikhonza.

Ingcwele

Zihlala ziyimihlambi emikhulu ngasemigxobhozweni zizingela ukutya. Libizwa ngokuba 'lingcwele' kuba lalinqulwa ngamaJiphethe akudala.

Egyptian Goose

A large, noisy bird, becoming quite common in towns and cities. It spends most of its time near water and eats mainly grass.

Kolgans

'n Groot raserige voël wat al hoe meer in dorpe en stede gesien word. Hulle is meestal naby water en eet hoofsaaklik gras.

Ilowe

Inyoni enkulu enomsindo evame ukutholakala emanzini idla utshani.

Ilowe

Intaka enkulu enengxolo efumaneka ezidolophini nasezixekweni. Ichitha ixesha layo, elininzi ecaleni kwamanzi kwaye litya ikakhulu ingca.

Yellow-billed Duck

Often seen on farm dams, this duck is speckled and has white edges to its wings. It makes a well-known 'quack' when it lands on water.

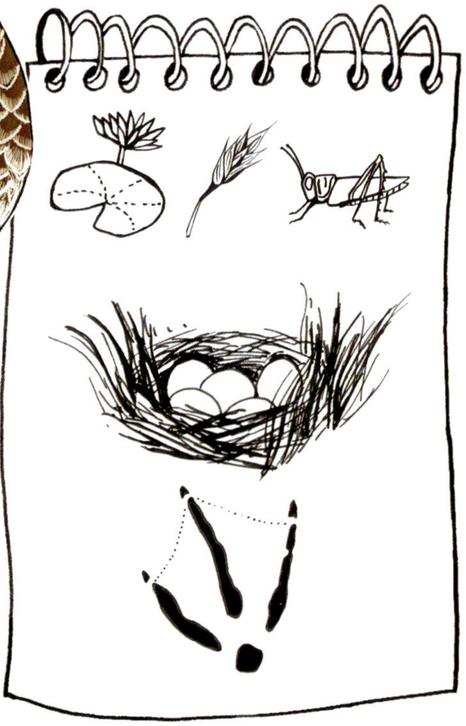

Geelbekeend

Word dikwels op plaasdamme gesien. Hulle is gespikkeld en het wit vlerkrande. Hulle laat 'n welbekende kwaak hoor wanneer hulle op water neerstryk.

Idada

Ijwayelekile ukubonakala emadanyini emapulazini inamahlombe amhlophe onqenqemeni. Inomsindo ewenzayo uma ihlala emanzini.

Idada

Linamachokoza lize libe mhlophe kwincam zamaphiko, ixesha elininzi libonakala emadamini asezifama. Xa lingena emanzini likhala lithi 'kwak'.

Cape Vulture

A very large bird that can fly at great heights. It feeds on dead animals and hops about and jumps on other birds to get at the food.

Kransaasvoël

'n Baie groot voël wat baie hoog kan vlieg. Eet dooie diere (karkasse) en spring baie rond, selfs bo-op ander voëls, om by die kos uit te kom.

Inqe

Inyoni enkulu engandiza ngesivinini esikhulu . Idla okuzifele, igxumagxuma ndawonye iphazamisa ezinye izinyoni ukuze ithole okusanyama.

Ixhalanga

Yintaka enkulu ebhabha ngesantya esiphakamileyo. Itya izilwanyana ezifileyo, liyangcileza lisilwa nezinye iintaka ukuze lifumane ukutya.

African Fish Eagle

Perches in trees near water and swoops down with its talons outstretched to catch its prey, usually fish. It throws its head back when it calls.

Visarend

Sit in bome langs water; duik af met hulle pote uitgestrek om hul prooi, hoofsaaklik vis, te vang. Gooi die kop agteroor wanneer hulle roep.

Inkwazi

Ihlala ezihlehleni duze namanzi, ineso elibanzi elibona phakathi emanzini, ithi isuka Indize iyothi gxavu ibamba ufishi.

Unomakhwezana

Uhlala kwimithi ekufutshane namanzi aze aziphose emanzini evule iinzipho ukubamba intlanzi elixhoba.

Verreaux's Eagle

Its wide wings help it soar high on air currents. It lines its large nest with scented leaves to keep away parasites. Dassies are its main prey.

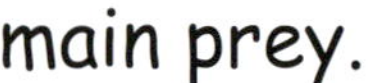

Witkruisarend

Hul breë vlerke help hulle om hoog met die lugstrome op te sweef. Hulle voer hul groot neste op kranse met geurige blare uit om parasiete af te weer. Jag meestal dassies.

Ukhozi

Linamaphiko abanzi asiza uma lujubalalela phezulu ngomsinga womoya. Liyaye lendlale isidleke salo ngamacembe anephunga elibi ukuxosha izitha ebantwaneni balo.

Ukhozi

Lunamaphiko abanzi alunceda ukuba luntingele phezulu emoyeni. Lwakha indlu enkulu ngamagqabi anukayo ukuze kungasondeli utshaba.

Black-shouldered Kite

A small bird of prey, often seen sitting on telephone poles. It hovers in the air before diving down to catch its prey.

Blouvalk

'n Klein roofvoël wat dikwels gesien word waar hulle op telefoonpale sit. Hulle fladderhang in die lug voordat hulle afduik om hul prooi te vang.

Unongwevana

Lena isalukhozana oluncane, ivama ukuhlala ezintanjeni zikagesi nothelefoni ihlola oku Sakudla,idedela amaphiko emoyeni ibukisisa ezokubamba.

Umdlampuku

Yintaka encinane yamaxhoba evamisa ukuhlala kwiipali zefowuni. Indanda emoyeni yandule ukuhla iye kubamba ixhoba.

Rock Kestrel

This kestrel perches on telephone poles, trees and even anthills to watch for prey. When it hunts it hovers in the air, dropping down in stages onto its prey.

Kransvalk

Hierdie valk sit op telefoonpale, bome en selfs miershope op die uitkyk na prooi. Wanneer hulle jag, fladderhang hulle in die lug voordat hulle op hul prooi afduik.

Umathebeni wezintaba

Lo mathebeni uzichwaneka ezigxotsheni zocingo, ezihlahleni nasezidulini ubheke ozokudla. Uma uzingela, uhogela umoya wehlele phezu kwaleyonto ozoyidla.

Intambanane

Ngexa lokuzala inkunzi iba Ihlala kwiingcingo zefowunu nasemithini ukalalela ixhoba. Xa lizingela lindanda emoyeni, lihlele ezantsi ukuya kubamba ixhoba.

Helmeted Guineafowl

One of the best-known South African birds with its black, speckled body, its blue neck and head, and red 'helmet'.

Impangele

Yenye yeentaka ezidume kakhulu eMzantsi Afrika inamachokoza amnyama, intamo kunye nentloko zona ziluhlaza ekwesibhakabhaka inesigcina – ntloko esibomvu.

Gewone tarentaal

Met sy swart lyf met wit spikkels, blou kop en nek, en rooi, horingagtige 'helm', is die tarentaal een van die bekendste Suider-Afrikaanse voëls.

Impangele

Inyoni edumile yalapha emzansi inomzimba omnyama onamachashazana amhlophe.

Common Ostrich

The world's largest bird. It can't fly but can run really fast with its wings outstretched. Males are black and white, and females are dull brown.

Volstruis

Die wêreld se grootste voël. Kan nie vlieg nie, maar hardloop baie vinnig met sy vlerke oopgesprei. Die mannetjies is swart en wit en die wyfies is dofbruin.

Intshe

Inyoni enkulukazi yaseNingizimu Afrika. Ayikwazi ukundiza kodwa ingagijima ngesivinini esikhulu izimpiko zayo zivulekile zinombala omnyama nomhlophe kanti ezensikazi zimfusi okumdubu zigwinya amatshe ukugaya ukudla.

Inciniba

Yeyona ntaka inkulu elizweni, ayikwazi ukubhabha ibaleka ngesona santya siphakamileyo ivule iimpiko. Inkunzi imnyama, ize imazi ibe ntsundu bumfiliba.

Red-knobbed Coot

Lives on lakes and dams and feeds on frogs, fish, insects and floating plants. Floats higher in the water than ducks do.

Bleshoender

Boer veral op mere en damme en eet paddas, vis, insekte en drywende waterplante. Hulle dryf hoër op die water as eende, wat dieper in die water wegsak.

Inyoni yamanzi

Inyoni ehlala emadamini idla izitshalo ezintanta emanzini, intanta ukudlula ezinye izinyoni zamanzi.

Unonkqayi

Uhlala emadamini amakhulu utya izityalo ezidada emanzini. Udada kakhulu kunamanye amadada.

Common Moorhen

Spends some of its time swimming, but doesn't have webbed feet like other water birds. Its long yellow toes can be seen dangling when it flies.

Grootwaterhoender

Swem baie, maar het nie soos ander watervoëls webbe tussen hulle tone nie. As hulle vlieg kan 'n mens hulle lang geel tone sien hang.

Inyoni Yasemadengeni

Isikhathi esiningi iyabhukuda ayinalulwembu ezinyaweni njengezinye izinyoni zamanzi, izinyawo ezinde eziphuzi ziyabonakala lapho iqala indiza.

I-Common Moorhen

Ichitha ixesha elininzi emanzini, iinyawo zayo azinanwebu njengezinye iintaka zamanzi. Ungayibona ilengisa iinzwane zayo ezinde ezimthubi xa ibhabha.

African Jacana

Has very long legs and toes for walking over floating water plants and is known as the 'lilytrotter'. The male looks after the chicks and tucks them under his wings when there is danger.

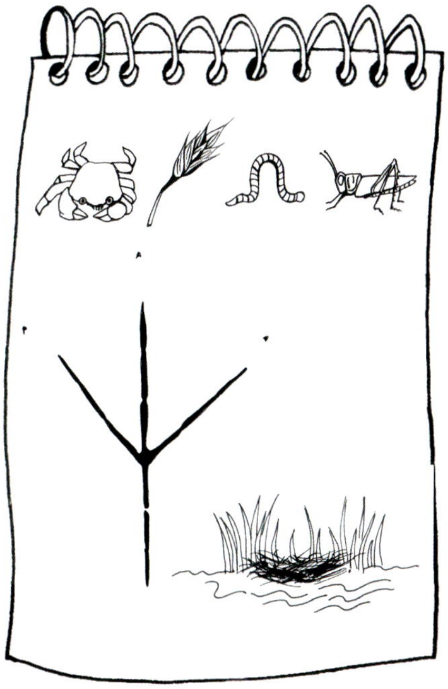

Grootlangtoon

Met baie lang pote en tone kan hulle op drywende waterplante rondloop. Die mannetjies bou die nes, broei die eiers uit en versorg en beskerm die kuikens.

Ithandaluzibo

Inemilenze neminwe emide yokuhamba emanzini agelezayo, eyesilisa ivula amaphiko ukuvikela ama-phuphu engozini.

uNondwayiza

Inemilenze neenzwane ezinde zokuhamba kumanzi abalekayo kunye nezityalo zawo ikwabizwa ngokuba 'yithandazibo'. Inkunzi ifaka amantshontsho phantsi keempiko xa kukho utshaba.

Blue Crane

South Africa's national bird, seen in large flocks in open farmlands. Pairs dance and bow to each other during courtship.

Bloukraanvoël

Dit is Suid-Afrika se nasionale voël. Hulle kom in groot swerms op oop grasveld en landerye voor. Tydens hofmakery dans paartjies saam en buig na mekaar.

Indwe

Lena inyoni ehlonishwayo kakhulu eNingizimu-Afrika ngoba iluphawu lwesizwe,eyesilisa neyensikazi, ziyasinelana ngokugobelana ngesikhathi sokuqomisana.

Indwe

Yintaka yesizwe soMzantsi Afrika, ibonwa kwimihlambi emikhulu kumhlaba ophangaleleyo wasefama. Abalingane bayadanisa aze omnye athobe komnye ngexesha lokuthandana.

Secretarybird

Easily spotted as it strides through the veld, it kills its prey, usually reptiles or mice, by stamping on them with its feet.

Sekretarisvoël

Word maklik raakgesien waar hulle penorent deur die veld stap. Hulle trap hul prooi, reptiele of muise, met hulle pote dood.

Intinginono

Itholakala kalula izithwayizela etshanini obude, izingela amagundane nezibankwa ngomlomo wayo isebenzisa izinyawo ukubala.

Ingxangxosi

Ibonakala lula kuba ihamba emadlelweni, ibamba amaxhoba ayo (izilwanyana ezirhubuluzayo neempuku) ngomlomo ize iwanyathele ngeenyawo ade afe.

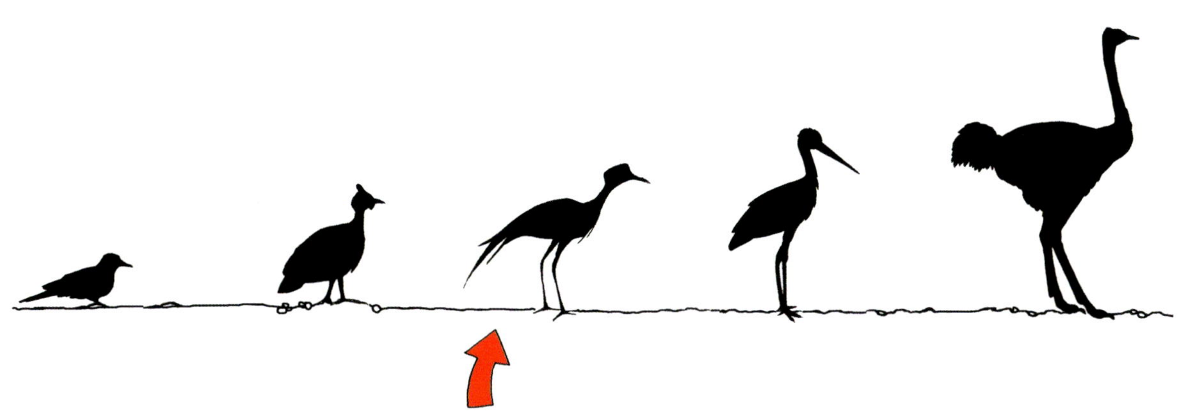

African Black Oystercatcher

Lives at the seaside, and uses its strong bill to open the two halves of mussel shells to reach the soft flesh inside.

Swarttobie

Kom langs die kus voor. Breek die twee helftes van 'n mosselskulp met hul sterk snawels oop om by die sagte vleis uit te kom.

Umaqhofoza

Ihlala ogwini lolwandle izingela izimbaza isebenzisa umlomo oqinile ukuvula ingaphakathi lezimbaza ukuthola okusanyama.

I-Oystercatcher emnyama yase-Afrika

Ihlala elwandle kwaye isebenzisa umlomo wayo owomeleleyo ukuvula imbaza ukuze lifumane inyama ethambileyo engaphakathi.

Blacksmith Lapwing

Seen on open ground, it makes a 'klink-klink' sound when threatened. Attacks intruders by dive-bombing them.

Bontkiewiet

Hou in ooptes naby water. Roep 'klink-klink' wanneer hulle bedreig word. Val indringers aan deur lawaaierig op hulle af te duik.

Indudumela

Ibonakala ezindaweni ezivulekile kanti zanza umsindo ohlabayo. Uma yethuka ihlasela ezinxanteleni ngokuzijikijela ngamakhulu amawala, inezimpiko ezicijile.

Igxiya

Libonwa kumhlaba ophangaleleyo, lenza isandi esithi 'klink klink' xa lisoyika. Lihlasela utshaba ngokuziphasa kulo oku kwebomu.

Kelp Gull

Lives near the sea and is often seen on the beach, looking for food. Known to drop shell-fish from the air to get at the flesh inside.

Kelpmeeu

Kom kuslangs voor; word dikwels gesien waar hulle op strande kos soek. Bekend daarvoor dat hulle skulpvis uit die lug op rotse te laat val om die vleis in die skulp by te kom.

Ingaba-ngaba

Ihlala ogwini lolwandle ifuna iminenke, bese iyidedela emoyeni ukuze iphihlike, uvuleke bese ifinyelela ekudleni.

Ingaba-ngaba

Lihlala kufutshane nolwandle lizingela ukutya ngaselunxwemeni. Laziwa ngokuwisa iqokobhe lentlanzi ukuze lifumane inyama engaphakathi.

Speckled Pigeon

Lives on rock ledges and also in cities, where it roosts on roofs or the ledges of high buildings.

Kransduif

Boer by kranse, maar ook in stede waar hulle op dakke of op lyste teen hoë geboue nes maak.

Ijuba

Ihlala onqenqemeni lwamadwala nasemadolobheni lapho ifukamela.

Ivukuthu

Lihlala emaweni nasezixekweni apho lichopha kumaphahla okanye kungqameko lwezakhiwo eziphakamileyo.

Cape Turtle Dove

Very common everywhere and will visit garden ponds for water as it needs to drink regularly. Its call is a distinctive 'Coo-COO-Roo'.

Gewone tortelduif

'n Algemene voël wat oral voorkom. Hulle besoek dikwels tuindammetjies omdat hulle gereeld water moet drink. Hul roep is 'n kenmerkende 'koekooroe'.

Ihobhe

Itholakala ezindaweni eziningi ngisho nasezingadini duze namanzi ukuze iphuze.

Ihobe

Lifumaneka kuzo zonke indawo, lithanda amachityana asezigadini kuba lisela amanzi rhoqo.

Grey Go-away-bird

This very alert bird warns other birds or animals if danger threatens by making its well-known 'Kweh' call.

Kwêvoël

Hierdie baie waaksame voël waarsku ander voëls of soogdiere as gevaar dreig deur sy skel 'kwêêê' te laat hoor.

Umklewu

Lena inyoni eqaphelisisayo uma kunobungozi bese ixwayisa ezinye izinyoni, ngokubelesela ngephimbo layo ithi- 'Baleka' ngokuphindaphinda.

I-Grey Go-Away-Bird

Le ntaka ihlakaniphe kakhulu ilumkisa ezinye iintaka nezilwanyana xa utshaba lusondele ngesikhalo sayo esaziwayo esithi 'mkani'.

Burchell's Coucal

Known as the 'rainbird'. Its call sounds like 'doo-doo-doo-doo-doo-doo' and is heard before and after it rains. It is a very shy bird and creeps about in thick bushes or shrubs. It suns itself in the early morning.

Gewone Vleiloerie

Word ook reënvoëls genoem. Hul dalende roep, 'doe-doe-doe-doe' word dikwels net voor of net ná 'n reënbui gehoor. Hulle is baie skugter voëls wat in digte bosse en struike rondklouter, maar graag vroegoggend in die son sit en bak.

Ufukwe

Le nyoni yezulu yenza umsindo othi mawufane nothi 'doo-doo-doo-doo-doo-doo' kanti izwakala ngaphambi kokuna kwezulu nasemva kokuna kwalo. Inyoni enamahloni kanti icasha ezihlahleni ezicinene. Ekuseni iyaphuma ithamele ilanga.

Ubikhwe

Ibizwa nangokuba yintaka yemvula. Xa ikhala ithi 'doo-doo-doo-doo-doo-doo' yaye idla ngokuvakala emva naphambi kwemvula. Iyintaka engathandi kubonwa yaye ufika ithubeleza phakathi kwamahlahla. Ithanda ukungcakamela ilanga lakusasa.

Barn Owl

Rests by day in a place that's quiet and dark, and hunts for small rodents at night.

Nonnetjie-uil

Rus bedags in stil, donker skuilplekke. Snags jag hulle klein knaagdiertjies.

Isikhova

Ihlala endaweni enokuthula emini, ebusuku izingela amagundane.

Isikhova

Emini siphumla kwindawo ezolileyo nemnyama, size siphume sizingele amaxhoba aso ebusuku.

Speckled Mousebird

Climbs and scampers about in trees and shrubs in search of food. It has a long tail.

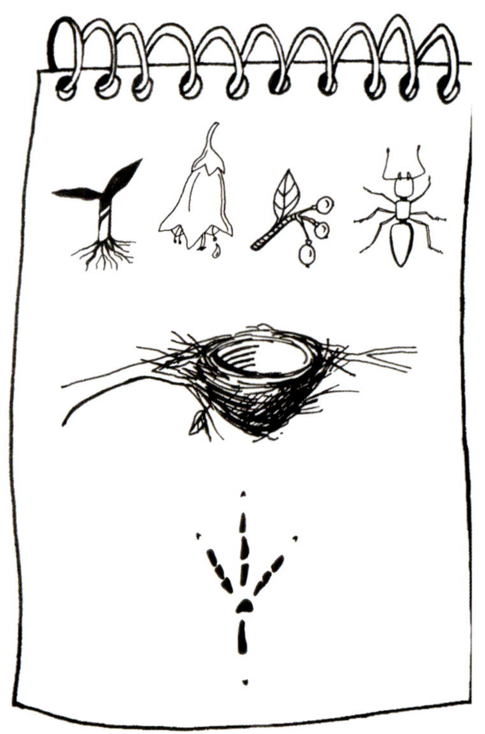

Gevlekte muisvoël

Klim en klouter in bome en struike rond op soek na blomme en vrugte om te eet. Hy het 'n baie lang stert.

Indlanzi

Indiza emahlokozini futhi inomsila omude njenge gundane.

Indlazi

Ikhwela ihle inyuka emithini ifuna ityatyambo neziqhamo ukuze itye, inomsila omde oku kwempuku.

Pied Kingfisher

Hovers over water at dams and rivers and dives down to catch fish; it then beats the fish against a branch before swallowing it.

Bontvisvanger

Op jag fladderhang hy oor oop water soos damme en riviere, en duik af om visse te vang; hy slaan dan die vis herhaaldelik teen 'n tak voor hy dit kop eerste insluk.

Isivuba

Indiza imi ndawonye phezu kwamanzi bese itshuza ukubamba inhlanzi. Ngaphambi kokuyigwinya uyishaya egatsheni/ogodweni ize ife.

Isaxwila

Sindanda phezu kwamanzi emadamini nasemilanjeni size sintywile ukubamba intlanzi, siyibethekise kumasebe ide ife phambi kokuba siyitye.

White-fronted Bee-eater

A pretty bird that lives in wooded areas near water. It feeds on flying insects, particularly bees or wasps.

Rooikeelbyvreter

'n Pragtige voël wat in bebosde gebiede, gewoonlik naby water, voorkom. Hy vang vlieënde insekte, veral bye of perdebye.

Inyoni Yezinyosi

Inyoni ehlala emahlanzeni ngasemanzini, idla izinambuzane izinyosi kanye neminyovu.

I-Bee-eater emhlope

Intaka entle ehlala kwimithi ekufutshane namanzi. Itya izinambuzane ezibhabhayo, ingakumbi iinyosi nonomevayoni.

Lilac-breasted Roller

A colourful bushveld bird that shows off its feathers in its looping, rolling flight. Often seen perched on telephone wires.

Gewone troupant

'n Bosveldvoël wat tydens sy swenkende en tollende pronkvlug sy kleurvolle vere vertoon. Word dikwels gesien waar hulle op telefoondrade sit.

Ifefe

Inyoni emabalabala yasehlanzeni ibonakalisa imibala yayo ngokundiza iphenduphenduka. Ivamisile ukubonakala kolayini bezincingo.

I-Lilac-breasted Roller

Intaka yamatyholo enemibala, ungayibona indanda ijikajika ukubonisa ngeempiko zayo. Ivamise ukuhlala kwiingcingo zefowuni.

Southern Yellow-billed Hornbill

This bushveld bird has a very noisy call. When nesting, the female is sealed inside a tree cavity and is fed by the male through a small hole.

Geelbekneus-horingvoël

Hierdie bosveldvoël is baie raserig. Wanneer hulle broei word die wyfie met modder in 'n boomholte toegemessel; die mannetjie voer haar dan deur 'n gleufie.

Umkholwane

Inyoni yasehlanzeni enomsindo kakhulu. Uma izalela eyesifazane ivaleleka esihlahleni yondliwe ngeyesilisa ngembobo encane.

I-Hornbill yase-Mazantsi enomlomo omthubi

Lentaka yamatyholo inengxolo kakhulu. Xa ifukama imazi itywinelwa ngaphakathi emngxunyeni womthi ize inkunzi iyityise kumngxunyana omncinane.

African Hoopoe

A common garden bird that nods its head up and down as it probes the ground with its long bill, looking for food.

Hoephoep

'n Algemene tuinvoël. Hy knik sy kop op en af terwyl hy sy lang snawel in die grond druk op soek na kos.

Unukani

Inyoni ejwayelekile ekhonze ukunqekuzisa ikhanda icinga ukudla emhlabathini ngomlomo wayo omude.

Ubhobhoyi

Intaka yegadi enqwala intloko xa iphanda ukutya emhlabeni ngomlomo wayo omde.

Crested Barbet

Nests in holes in dead tree trunks or in artificial nests. Often seen cleaning its bill after feeding.

Kuifkophoutkapper

Maak nes in gate in dooie boomstamme of nesstompe. 'n Mens sien dikwels dat hy sy snawel skoonmaak nadat hy geëet het.

Inqondaqonda

Izalela emgodini nasezigodweni ezinamathele emithini. Iyathanda ukuhlanza umlomo emuva kokudla.

I-Crested Barbet

Yakha indlu yayo kwiziqu zemithi oyomileyo okanye kwizigodo ezibotshelelwe emithini. Icoca umlomo rhoqo wayo emva kokutya.

Cardinal Woodpecker

Taps on the bark of trees looking for insects, which it digs out with its long tongue. It nests in holes in dry tree trunks.

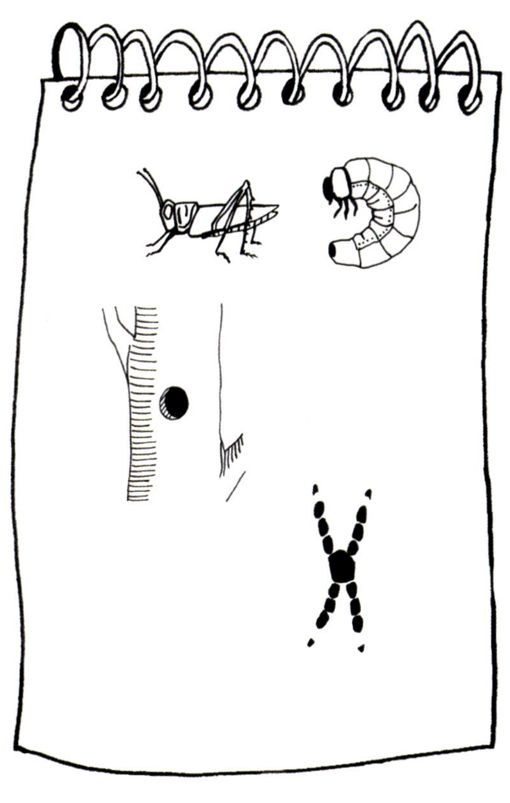

Kardinaalspeg

Pik teen die bas van 'n boom op soek na insekte wat hulle dan met hul lang tonge uitgrawe. Hulle maak nes in holtes in droë boomstamme.

Isiqophamithi

Imba amagxolo esihlahleni ngomlomo ifuna izinambuzane izimunca ngolimi. Izalela ezingoxini zezihlahla.

Isinqolamthi

Sizingela izinambuzane kumaxolo emithi sizibambe ngolwimi lwaso olude. Sakha indlu yaso kwiziqu zemithi oyomileyo.

Barn Swallow

Seen only during our summer as it returns to Europe in the winter. It catches and eats insects in flight.

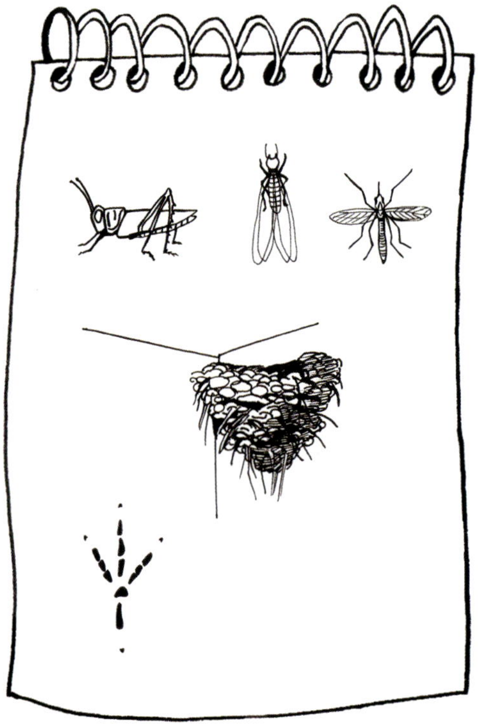

Europese swael

Word net in die somer in Suid-Afrika gesien omdat hulle voor die winter na Europa trek om daar te broei. Hulle vang en eet insekte in vlug.

Inkonjane

Ibonakala ngesikhathi sasehlobo ivela eUK. Ibamba idle izinambuzane ibe indiza.

Inkonjane

Zifika ehlotyeni apha eMzantsi Afrika zivela eYurophu. Zibamba zitye izinambuzane ngexa zibhabha. Zihla zingumhlambi kwiingcingo zefowuni.

Fork-tailed Drongo

Easy to identify by the deep 'V' in its tail, it can be aggressive and will dive-bomb birds that threaten it.

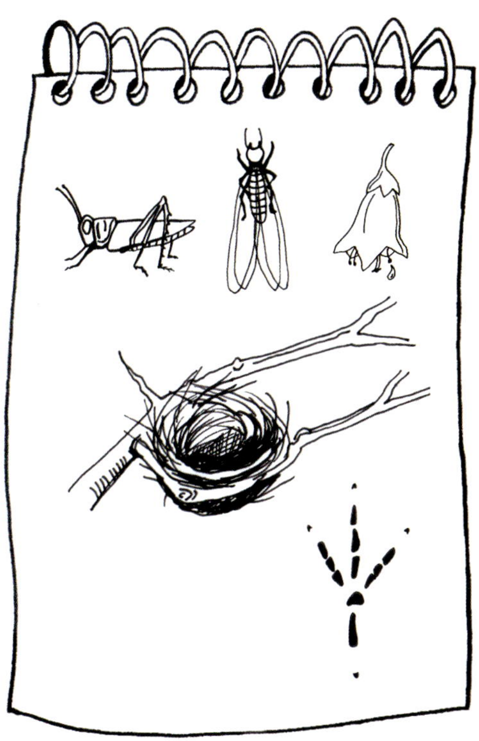

Mikstertbyvanger

Word maklik aan sy duidelike mikstert uitgeken. Hulle is aggressief en duik op ander voëls af wat hulle bedreig.

Intengu

Kulula ukuyibona ngomsila omise okuka-V, ayinanhlonipho kwezinye izinyoni, ivele iziphonse ngamawala amakhulu ukwethusa lokho okuyethusayo nayo.

Intengu

Kulula ukuyahlula ngomsila omile oku kuka 'V', ihlasela utshaba lwayo ngokuziphosa oku kwebomu.

Pied Crow

A clever, but noisy bird that has adapted to living in cities. It nests in trees and sometimes in manmade structures and is good at imitating human voices.

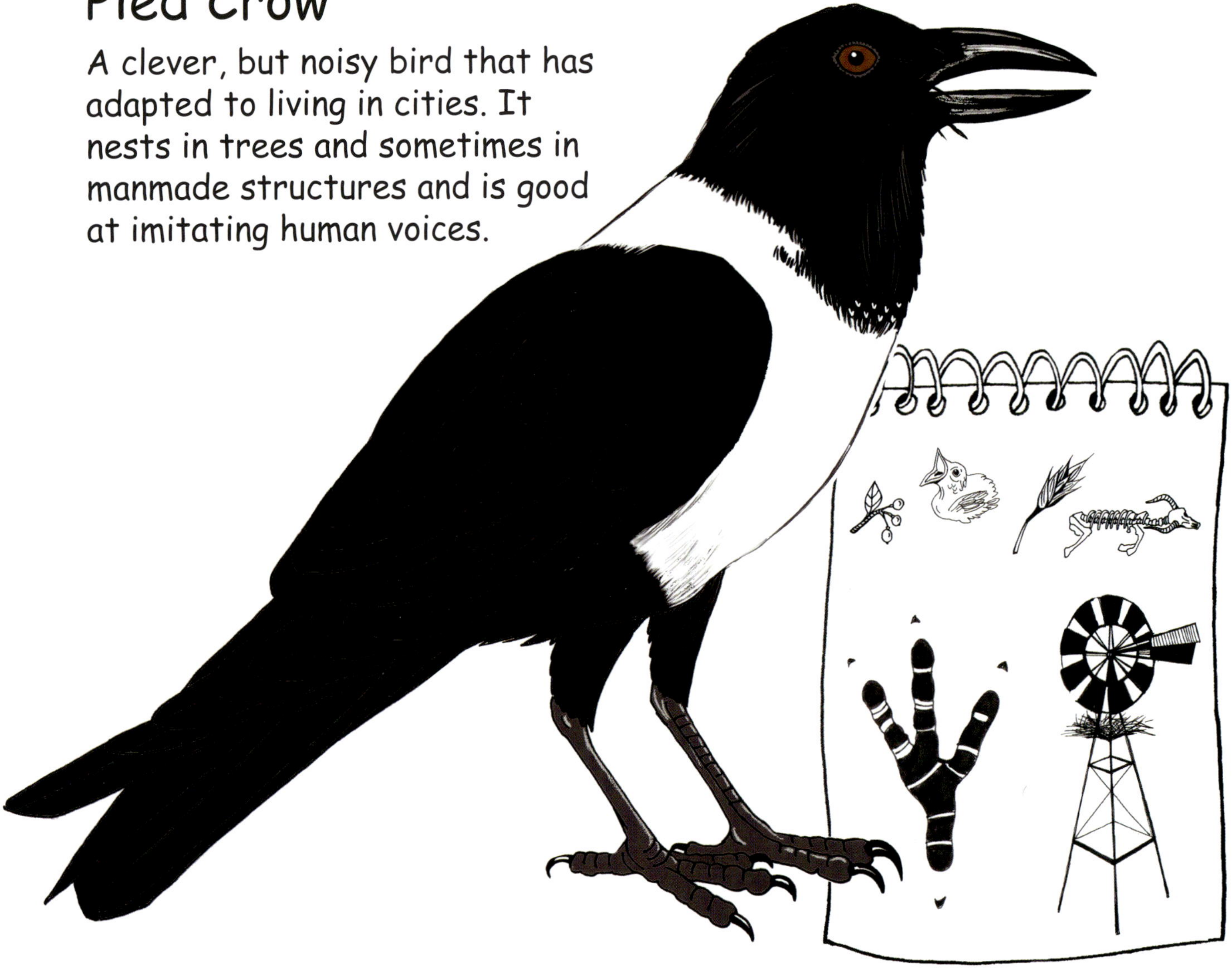

Witborskraai

Slim, maar lawaaierige voëls wat aangepas het om in dorpe en stede te woon. Maak nes in bome en soms op mensgemaakte strukture, soos geboue. Hulle kan mense se stemme goed namaak.

Igwababa

Inyoni enobuhlakani uyithola nasemadolobheni emigwaqeni igcogcoma nomsindo wayo oshiso okwesikhukhukazi esinamachwane, ibekela ukudla ezigxotsheni zocingo noma ezihlahleni.

Ingwangwa

Ihlakaniphile kwaye inengxolo, ithanda ukuhlala ezixekweni. Yakha indlu yayo kwiipali zefowuni okanye emithini. Ikwazi kakhulu ukulinganisa amazwi abantu.

African Red-eyed Bulbul

Lives in gardens and open bush. Dive-bombs predators when alarmed or frightened.

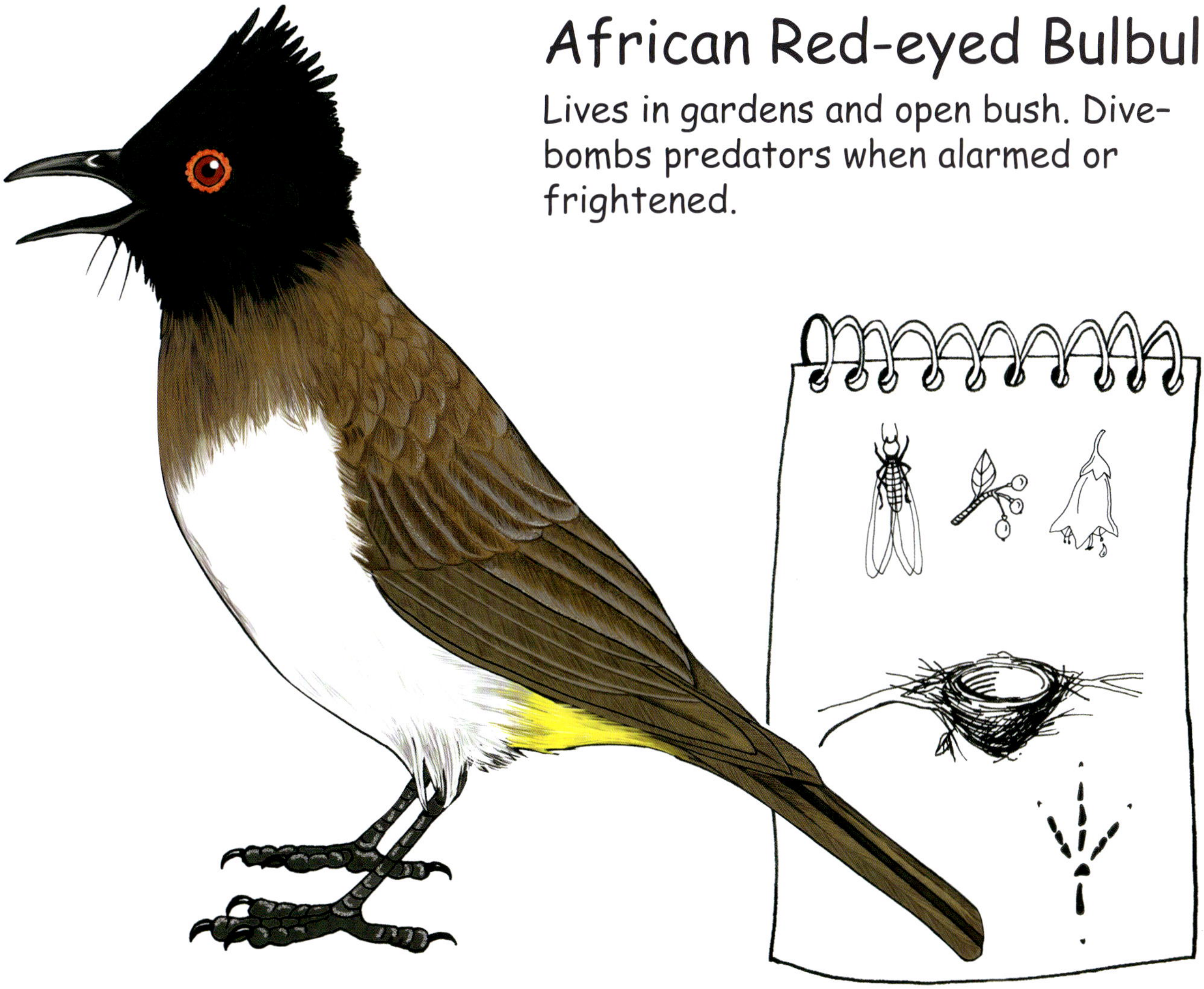

Rooioogtiptol

Woon in tuine en in oop bosveld. Duik op aanvallers af as hulle bedreig word.

Inyoni yasendulo

Ihlala ezingadini nasemahlathini aseduze namanzi, iyaziphonsa uma kukhona okuyethusayo ukuxwayisa ezinye.

I-Bull-bull enamehlo abomvu yaseAfrika

Ihlala egadini nakwihlathi eliphangaleleyo ithanda ukuba secaleni kwamanzi, iyaziphosa ukuhlasela utshaba xa isoyika.

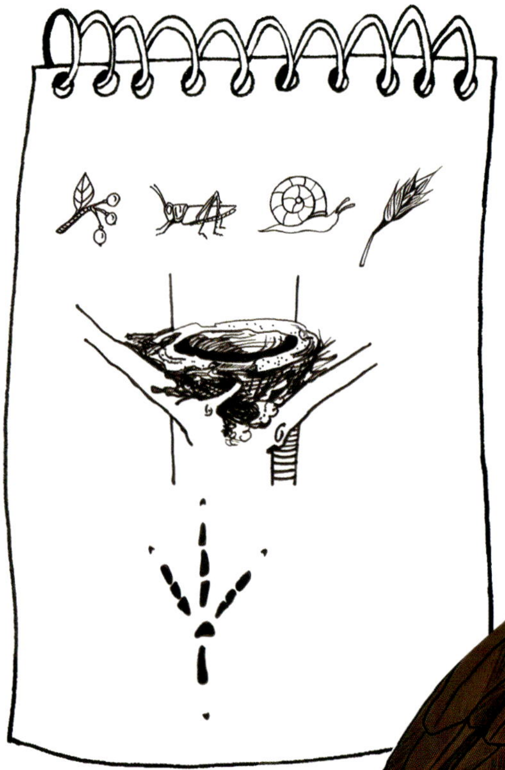

Olive Thrush

Often seen in gardens and parks, alone or in pairs. Hops along the ground, pecking under leaves and bushes for food.

Olyflyster

Word gereeld in tuine en parke gesien. Kom enkel of in pare voor. Hop op die grond rond en keer blare om op soek na kos.

Umunswi

Itholakala ezingadini naseziqiwini, ziba ngazimbili, zigxumagxuma phansi ziphequlula phansi kwamahlamvu zifuna imisundu ukuba zidle.

Umswi

Udla ngokubonwa egadini nakwiipaka uwodwa okanye ngazibini. Ungcileza emhlabeni ucholachola ukutya phantsi kwamagqabi nasematyholweni.

Cape Robin-Chat

A common garden bird that hops about under shrubs looking for insects.

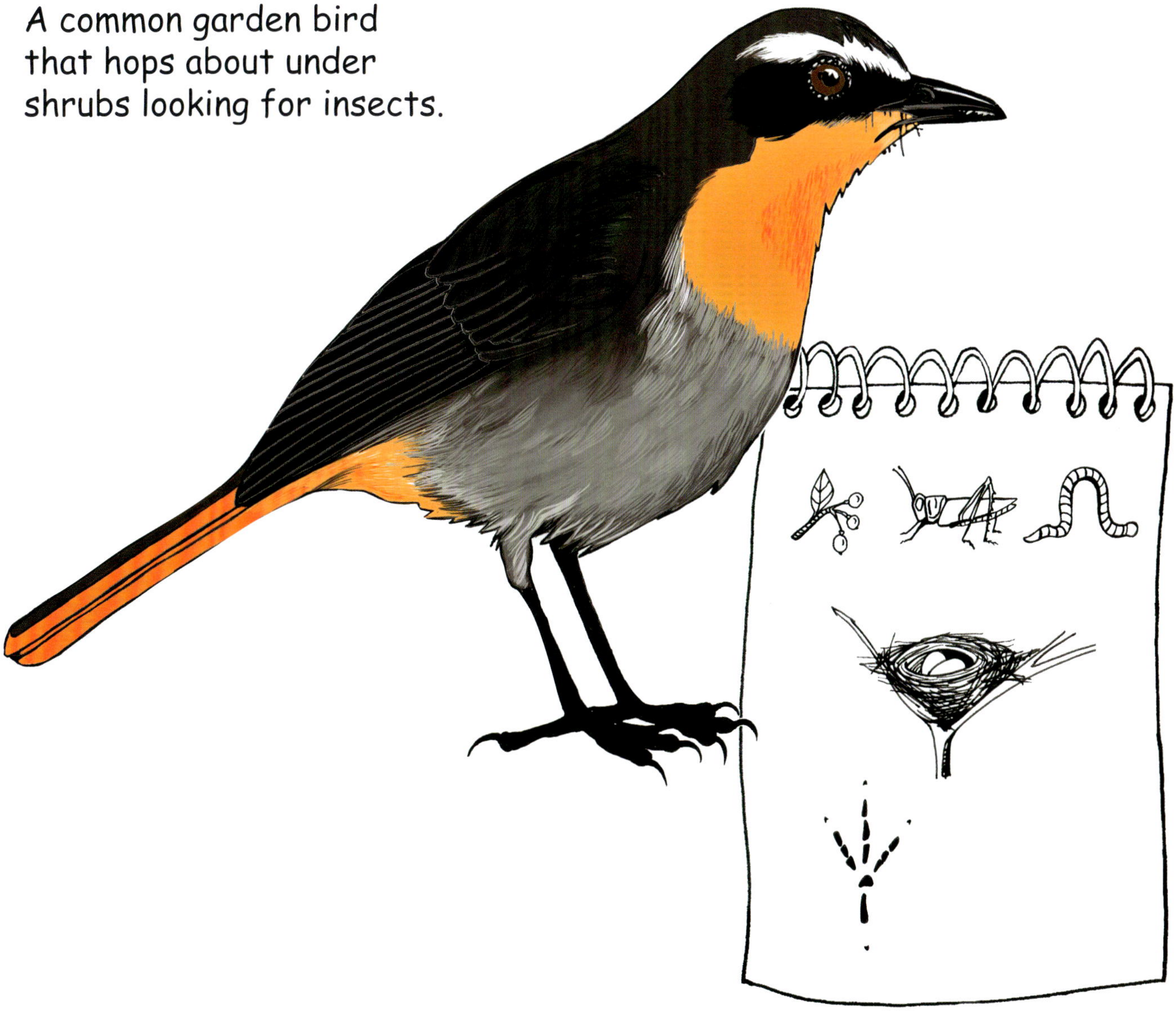

Gewone Janfrederik

'n Algemene tuinvoël wat onder struike rondskarrel op soek na insekte.

Ugaga

Inyoni eyejwayelekile etholakala igxumagxuma phansi kwezihlahla ifuna izinambuzane, itshikizisa umsilana wayo uma ihlala.

Ugaga

Intaka eqheleke ingcileza egadini phantsi kwamatyholwana ifuna izinambuzane. Ibethanisa iimpiko ize ithi saa umsila xa ihlala emhlabeni.

Cape White-eye

A tame bird that loves to bathe under garden sprinklers. Hops about in bushes looking for insects to eat.

Kaapse glasogie

'n Klein voëltjie wat baie mak kan word en daarvan hou om onder tuinsproeiers te bad. Spring tussen die blare van struike rond op soek na insekte om te eet.

Umehlwana

Inyoni engenaluvalo itholakala izibhukudela ezindaweni ezinamanzana, ihlale ezihlahleni ifuna izinambuzane.

Intukwane

Intaka embuna ethanda ukuhlala phantsi kwamanzi afefeza egadini. Ingcileza ematyholweni izingela izinambuzane ukuze itye.

Cape Wagtail

Known as the 'willy wagtail', it is common in gardens. It wags its tail up and down while walking and especially just after landing.

Gewone kwikkie

'n Algemene tuinvoël wat ook 'Kwikstertjie' genoem word. Hulle wip hulle sterte op en af terwyl hulle loop, veral nadat hulle op die grond geland het.

Umvemve

Lona ngu Mvemve uyithola ezingadini itshikizisa umsila wayo phansi naphezulu. Ikakhulu uma iqeda uku-hlala phansi.

Umcelu

Waziwa ngokuba ngu'mcelu-mvemve' uqheleke ezigadini itshikiza umsila iwusa phantsi naphezulu xa uhamba ingakumbi xa usandula uku-hlala emhlabeni.

Common Fiscal

Known as a 'jackie hangman' because it impales its prey, such as insects or lizards, on sharp twigs or thorns.

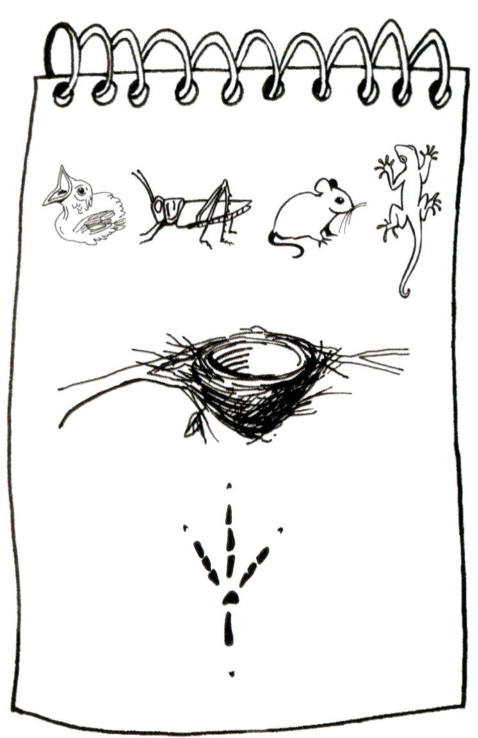

Fiskaallaksman

Word ook net 'laksman' genoem omdat hulle hul prooi, soos insekte of akkedisse, aan skerp dorings of takkies ophang.

Ilunga

Yaziwa ngomaphipha ethutha ephelezela, ngoba iqoqa ukudla kwayo ikuchoma etshanini obucijile nasezintini lapho izibekela khona.

Inxanxadi

Laziwa njengo 'mxhomi' kuba lihlaba ixhoba layo (izinambuzane namacikilishe) kumasetyana anameva.

Bokmakierie

A brightly coloured bird that sings beautifully in duet with its partner. Chicks learn to sing by copying their parents.

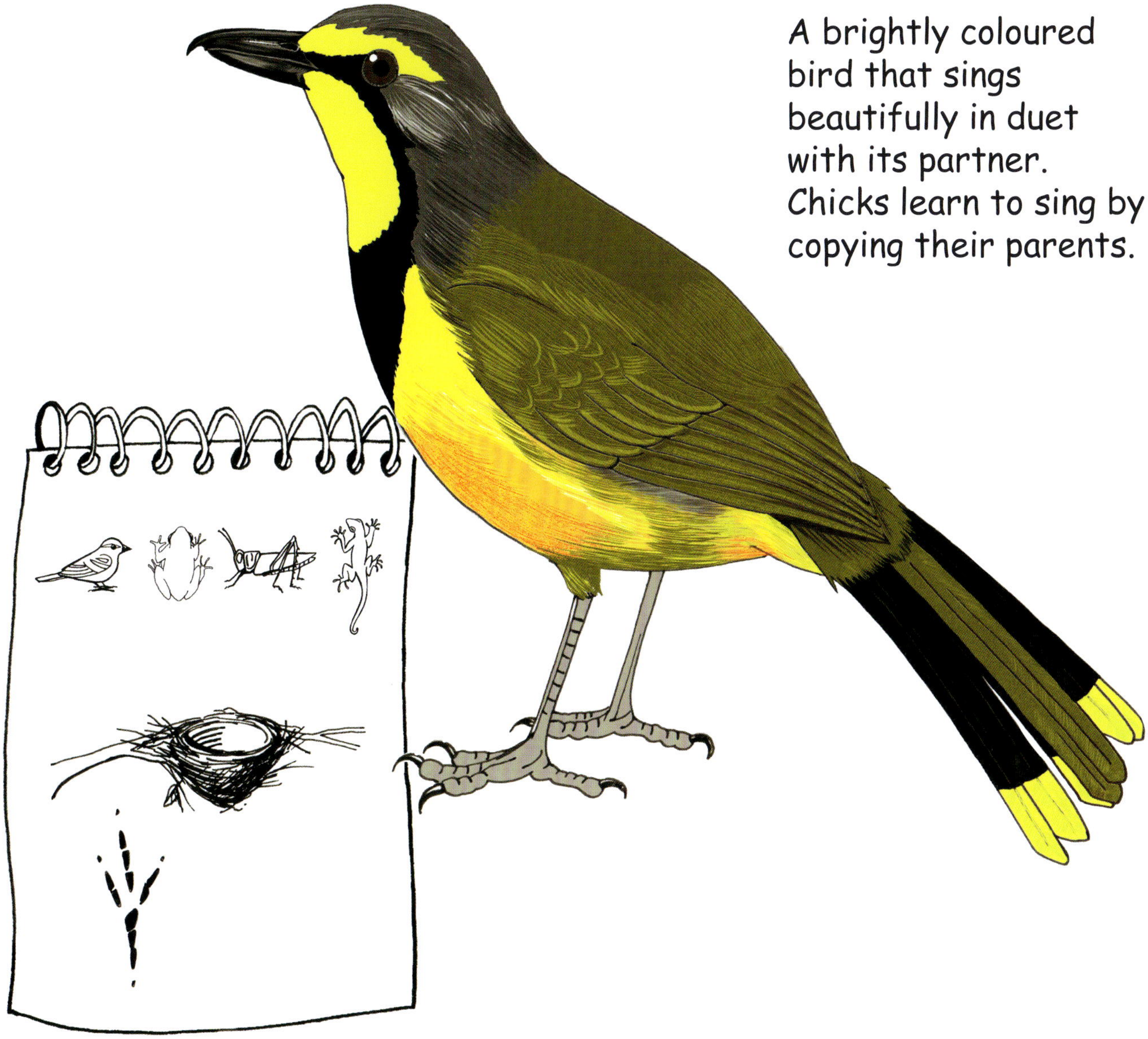

Bokmakierie

'n Helderkleurige voël wat pragtige duette saam met sy maat sing. Kleintjies leer om te sing deur hul ouers na te boots.

Inkovu

Inyoni enombala ogqamile ecula kamnandi zingambili. Ifunda ngokulingisela Abazali bazo.

Ingqwangi

Intaka enemibala eqaqambileyo ecula kamnandi nomlingane wayo. Amantshontsho afunda ukucula ngokulinganisa abazali bawo.

Cape Glossy Starling

This dark bird has a glossy blue-green sheen in the sunlight. It is often seen in gardens.

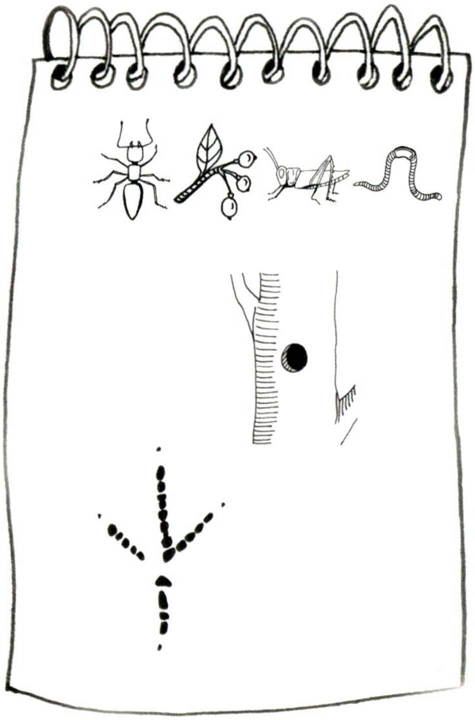

Kleinglansspreeu

Hierdie donker voëls skitter blou-groen in die sonlig. Word dikwels in tuine gesien.

Ikhwezi

Inyoni ensundu ecwazimula umbala oluhlaza nosasibhakabhaka lapho ikhanyiswa yilanga, ivame ezingadini, iyaye yendlale isidleke sayo ngesikhumba senyoka.

Inyakrila

Lentaka emdaka ekhazimla luhlaza xa iselangeni. Ifumaneka ezigadini yakha indlu yayo ngemfele zenyoka.

Common Myna

This bird was first brought to South Africa from India as a cagebird. It is now common and is sometimes regarded as a pest.

Indiese Spreeu

Hierdie voëls is aanvanklik as kouvoëls uit Indië na Suid-Afrika gebring. Hulle kom nou algemeen voor en word as 'n plaag beskou.

Umhluthi

Lenyoni yavela kwelase-Ndiya sezikhona ziningi manje.

I-Common Myna

Lentaka ifike apha eMzantsi Afrika ivela eIndiya. Ngoku iqhelekile kwaye ngamanye amaxesha ingumtshabalalisi.

Red-billed Oxpecker

Clings to the fur of animals with its sharp claws to pick off ticks and flies. It uses hair from kudu and other animals to line its nest.

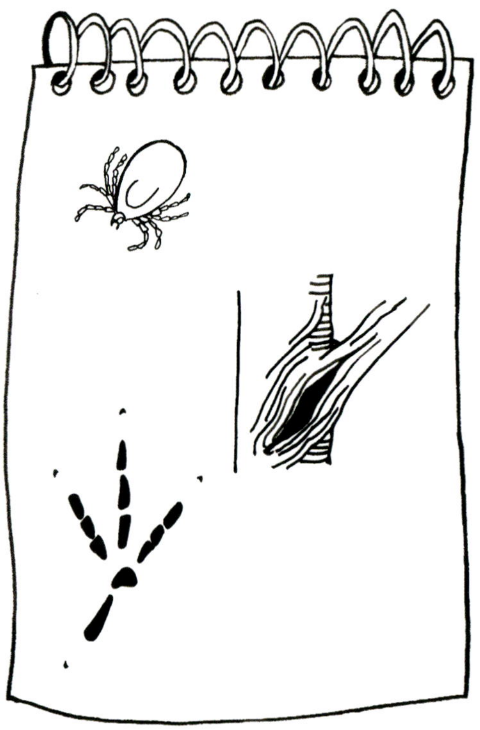

Rooibek-renostervoël

Klou met hul skerp kloutjies aan diere se haarkleed vas om bosluise en luisvlieë op te pik en te eet. Hulle voer hul neste uit met die hare van koedoes en ander diere.

Ihlalanyathi

Ihlala inamathele eboyeni bezilwane zasendle ifuna amazeze nezimpukane, ukwendlala isidleke sayo isebenzisa isikhumba seNyala.

Ihlalanyathi

Inamathela kuboya bezilwanyana ezinje ngeqhude ukususa amakhalane kunye neempukane Yakha indlu yayo ngenwele zeqhude nezezinye izilwanyana.

Amethyst Sunbird

Mostly seen sitting on flowers probing with its long bill into the flower to collect nectar. Uses spider webs to build its nest.

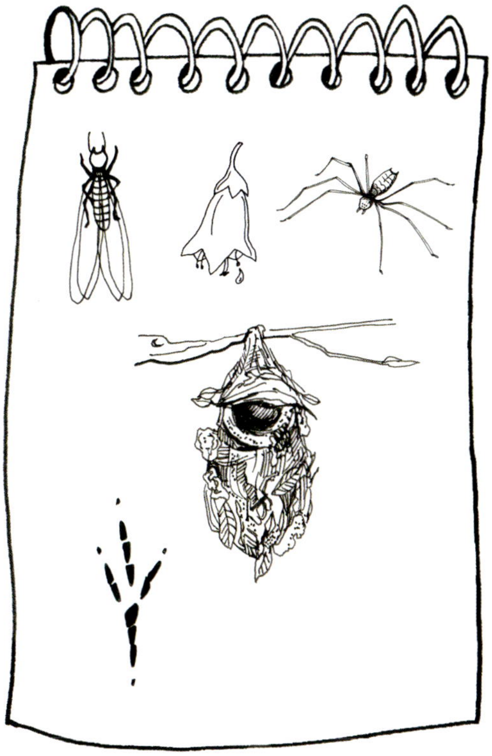

Swartsuikerbekkie

'n Mens sien hulle dikwels op blomme sit; hulle druk hul snaweltjies in die blom in om nektar op te suig. Hulle bou hul neste van spinnerakke.

Incwincwi

Ivame ukuhlala ezimbalini ishutheka umlomo wayo ocijile imunca uju lwezimbali, isebenzisa ubulwembu ukwakha isidleke.

Ingcungcu

Ikakhulu ibonwa ihleli kwiintyatyambo ifake umlomo wayo omde ukuqokelela incindi yazo. Yakha indlwana yayo ngendlu yesigcawu.

Cape Sparrow

Known as a 'mossie', it is seen in most gardens and on farms where it gathers in groups at grain silos.

Gewone mossie

Word soms net 'mossie' genoem. Hulle kom algemeen in tuine en op plase voor waar hulle soms in swerms by graansilo's vergader.

Undlunkulu

Yaziwa njenge 'mossie' zibonakala ezingadini zingamaqoqo emapulazini lapho kunamabhanga otshani obubekelwe izinkomo.

Undlunkulu

Waziwa 'ngobulembu' ubonwa kakhulu ezigadini nasezifama apho uqokelelana ngamaqela kwiziselese zamafula.

Southern Masked-Weaver

Male birds weave nests from grass and strips of palm fronds. Often the nests are built to hang over water. If the female accepts the nest, she lays her eggs in it.

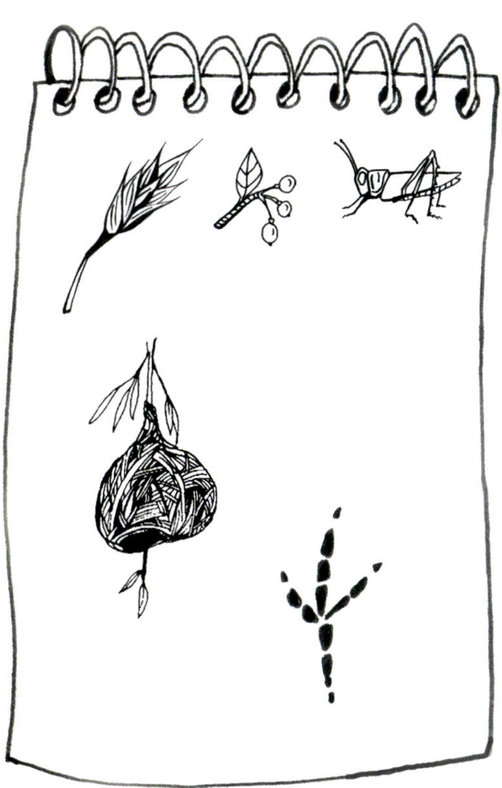

Swartkeelgeelvink

Mannetjies weef nessies van gras en repies palmblare, dikwels aan takkies oor water. As die wyfie tevrede is met die nes, lê sy haar eiertjies daarin.

Ihlokohloko

Izinyoni zesilisa zakha isisdleke ngotshani namaqabunga emithi zibonakala ngasemfuleni zilengela khona, uma sisihle eyesifazane iyasemukela ibekele khona amaqanda.

Ihobo-hobo

Inkunzi yakha indlwana ngengca nangamagqabi, kwaye isoloko ibonwa phezu kwamanzi. Xa imazi iye yayithanda indlu leyo izalela kuyo amaqanda.

Southern Red Bishop

Males are bright red in summer and after building their nests they puff up their feathers to display and show off to other birds by sitting on the tops of reeds and bulrushes. Their nests are well hidden.

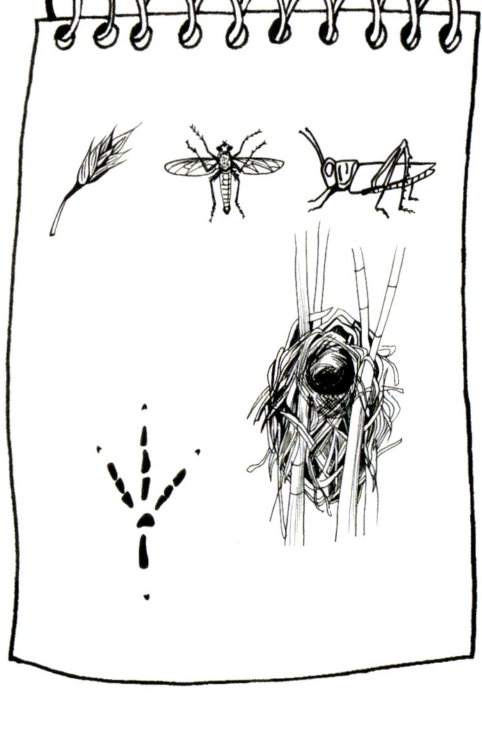

Rooivink

In die somer het die mannetjies helderrooi vere. Nadat hulle hul neste gebou het, pronk hulle met opgepofte vere bo-op riete en palmiet. Hulle steek hul neste baie goed weg.

Intakansinsi

Ezesilisa ziyakhanya ngokubomvu ehlobo kanti emva kokwakha izidleke zazo zikhukhumeza izinsiba zazo zibukise kwezinye izinyoni ngokuba zihlale phezulu emhlangeni. Izidleke zazo zifihlekile.

Intakomlilo

Iinkunzi ziba bomvu okuqaqambileyo ehlotyeni yaye emva kokwakha iindlwane zazo ziphakamisa amaphiko ukuze zibonwe zezinye iintaka ngokuhlala phezulu kwiingcingolo okanye iinqoboka. Iindlwane yayo iyayifihla.

Long-tailed Widowbird

When breeding, the male develops a long, floppy tail and shows off to the female by flying close to the ground.

Langstertflap

Tydens broeityd ontwikkel die mannetjie 'n lang stert en probeer hy om die wyfie te beïndruk deur laag oor die grond te vlieg.

Isakabuli

Uma kuyisikhathi sokuzalisa iba nomsila omude eyenduna ukuheha eyensikazi ngokundizela phansi.

Ujobela

Ngexa lokuzala inkunzi iba nomsila omde obhatyubhatyu ukuze ibonise kwiimazi ngokuthi ibhabhele kufutshane emhlabeni.

DEDICATION

This book is for James, Luke, Kirsten, Matthew, Scott and Caitlin

AUTHOR'S NOTE

All children have enquiring minds and the idea for this book was born out of the realization that there is a continuing quest by children to know more about natural history and especially about birds and the way they live. Hence *My First Book of Birds*, which has been designed to encourage birding enthusiasts of the future on a long and exciting quest to learn more about our fascinating birdlife. It is for all children, whether they live in a city, a town or in a rural area, and I hope it will fire the reader's inspiration and enthusiasm to take up one of the most popular and rewarding pastimes.

My thanks and appreciation go to my wife Ria, for her support, valuable comments and ideas, to Jenni Schaum who did the illustrations, Ian Sinclair and Gail Schaum for their valuable advice, and Rihann Geyser, Sakhamuzi Mhlongo, Thabile Khuzwayo, Ntombi Stungu, Willem Harding and Mieke de Villiers who did the translations. Thank you also to Pippa Parker, Janice Evans, Rod Baker and all at Penguin Random House for their advice, patience and professionalism in helping me to achieve my ambition and write my first book.

ERROLL CUTHBERT

Published by Struik Nature
(an imprint of Penguin Random House South Africa (Pty) Ltd)
Reg. No. 1953/000441/07
The Estuaries No 4, Oxbow Crescent,
Century Avenue, Century City, 7441
PO Box 1144, Cape Town, 8001 South Africa

Visit **www.struiknature.co.za** and join the Struik Nature Club for updates, news, events and special offers.

First published in 2006

15

Publishing manager: Pippa Parker
Managing editor: Rod Baker
Designer: Janice Evans
Design assistant: Luke Jansen
Illustrator: Jennifer Schaum

Reproduction by Hirt & Carter Cape (Pty) Ltd
Printed and bound in China by C&C Offset Printing Co., Ltd

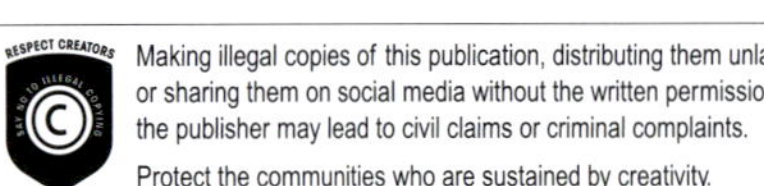

ISBN: 978 1 77007 283 1 (PRINT)
ISBN: 978 1 92057 223 5 (ePUB)